46

Lb 19.

RELATION
EXACTE
DES ÉVÉNEMENS

QUI ONT EÙ LIEU

A MARSEILLE,

DEPUIS LE 3 MARS JUSQU'AU 10 JUILLET 1815.

RELATION

EXACTE

DES ÉVÉNEMENS

QUI ONT EU LIEU

A MARSEILLE,

DEPUIS LE 3 MARS JUSQU'AU 10 JUILLET 1815.

PARIS,

IMPRIMERIE DE D'HAUTEL,

RUE DE LA HARPE, N°. 80.

1815.

RELATION

EXACTE

DES ÉVÉNEMENS

QUI ONT EU LIEU

A MARSEILLE,

DEPUIS LE 3 MARS JUSQU'AU 10 JUILLET 1815.

———

Marseille et la France étoient heureuses sous le règne du meilleur des Rois, lorsque Buonaparte mit le pied sur le sol provençal! On apprit à Marseille cette coupable entreprise, assez à temps pour en prévenir les suites funestes, en arrêtant cette troupe d'aventuriers. M. le maréchal Masséna gouvernoit alors la 8e. division militaire; la garde nationale et les citoyens en état de porter les armes, se pressent autour de sa maison, demandant à grands cris de marcher contre l'usurpateur, le gouverneur calme leur zèle patriotique, fait partir la garnison de Marseille composée de deux régimens, et la garde nationale n'obtient la permission de partir que vingt-quatre heures après la troupe de ligne ; elle apprend que l'usurpateur a passé le pont de Sisteron, où il étoit si facile de l'arrêter ; elle se dirige sur Gap à marche forcée, elle y apprend l'arrivée de l'ennemi à Grenoble, et que les deux régimens de ligne, partis de Marseille, ont grossi son parti criminel ; cette défection la force à rentrer dans ses foyers pour les défendre.

Monseigneur le duc d'Angoulême organise une armée dans le Midi, les Marseillais s'empressent de courir sous les drapeaux de ce prince chéri ; ils marchent une seconde fois sur Gap et font la droite de l'armée du prince, qui dans le peu de momens qu'il a passés à Marseille a pu juger du zèle et du dévouement de ses habitans pour la défense de la cause sacrée du Roi qu'ils adorent.

Buonaparte est à Paris ; la lâche trahison arrête le digne fils de Henri IV. Les Marseillais rentrent dans leur ville avec leurs drapeaux et leurs cocardes blanches, aux cris de vive le Roi!!!

Marseille s'honore d'avoir toujours lutté contre l'autorité de Buonaparte; il connoissoit l'esprit des habitans de cette ville, et y envoya pour le gouverner des hommes qui lui étoient dévoués, et dont la conduite atroce lui a prouvé la bonté de son choix. La justice veut que M. Frochot, préfet du département, en soit excepté; ses talens, sa douceur et sa conduite sage, lui ont mérité de la reconnoissance.

Brune, gouverneur, Rœderer, commissaire extraordinaire, Lecointre-Puiraveaux, lieutenant-général de police, Verdier, commandant la 8ᵉ. division militaire, voyoient en frémissant l'esprit de Marseille en opposition avec celui du gouvernement, ils en faisoient tous les jours des reproches amers à messieurs les chefs de la garde nationale et à monsieur le Maire : les cris de vive le Roi se faisoient toujours entendre et les lis étoient toujours empreints sur les boutons de la garde nationale. Brune hurloit le cri sinistre de *vive l'Empereur*, mais il avoit peu de troupes, et il étoit trop lâche pour hasarder un coup d'autorité. Enfin des troupes arrivent, et Mouton-Duvernet vient pour commander les gardes nationales du département, il se concerte avec ses dignes collègues, et c'est ici que commencent ces scènes d'horreur et de deuil qui ramènent dans Marseille les excès de 93 et 94, que le gouvernement légitime y avoit presque fait oublier.

C'est le 26 mai qu'une soldatesque effrénée, excitée par ses chefs, parcouroit les rues par bandes, l'épée et le sabre à la main, vociférant des cris détestés des citoyens; elle force ceux qu'elle rencontre à joindre leurs voix à ces cris: beaucoup résistent, ils sont impitoyablement mutilés. On ordonne de mettre des drapeaux tricolores aux croisées de toutes les maisons, on arrache les enseignes où ne sont point empreintes les armes du tyran. La générale bat, la garde nationale prend les armes, dispersée sur plusieurs points, elle est insultée, rien ne l'intimide; ces généreux citoyens arrachent des mains des soldats, leurs malheureux compatriotes qui alloient périr , et la désolation est à son comble! Les Mameloucks réfugiés à Marseille et quelques hideux démagogues de la ville et des environs s'étoient joints aux soldats et les excitoient au meurtre. Le lendemain toutes les troupes sous les armes, les canons sur les places publiques et ceux des

forts braqués sur la ville, annoncent de nou-
veaux événemens ; en effet, les officiers de la
garde nationale sont convoqués chez Mouton-
Duvernet ; ils s'y rendent, et là ils apprennent
leur nouvelle organisation. Quelques-uns sont
supprimés, d'autres sont remplacés, et la garde
forte de trois mille hommes, est réduite à qua-
torze cents. — Les volontaires qui n'en font
plus partie, sont obligés de rendre leurs armes
dans les vingt-quatre heures. Tout cet appa-
reil de terreur continua les 27 et 28, et avec
lui les arrestations et les proscriptions ; on ar-
rachoit les pères, les époux, à leurs familles
désolées, on les envoyoit dans l'intérieur, pri-
sonniers sous l'escorte de la gendarmerie. Marseille parut se soumettre pour éviter son entière destruction. Cependant Brune part pour
le camp d'Antibes, et laisse le commandement
à Verdier. Buonaparte entre en campagne, et
le 25 juin arrive à Marseille la nouvelle de sa
défaite. Aussitôt, malgré la présence de deux
mille hommes d'infanterie, de quatre cents
chasseurs à cheval, d'une artillerie formidable
et d'un rassemblement très-nombreux d'officiers retraités, les cris de *vive le Roi* se font
entendre, tous les citoyens prennent la cocarde

✳✳✳

blanche et le drapeau des lis flotte à toutes les croisées. Les troupes veulent s'opposer à cet élan patriotique, et font feu sur les citoyens ; la garde nationale prend les armes, la population entière se lève ; les troupes rentrent dans les forts d'où elles tirent sur le peuple, deux officiers et un chasseur de la garde nationale paroissent devant le fort Saint-Jean, parlementent avec le commandant, lui font sentir l'atrocité de sa conduite et le menacent ainsi que sa troupe d'une entière destruction, si le feu continue : il cessa ! Verdier voyant le mouvement ferme du peuple et craignant sa juste indignation, donna ordre de faire retraite sur Toulon ; dans la nuit elle est effectuée et les citoyens s'emparent des forts ; on avait eu soin de faire arrêter les caisses et les fonds du gouvernement.

Cette même nuit, trois Marseillais, dont deux étoient proscrits, mais qui depuis un mois se voyoient en secret pour organiser des moyens de défense, se réunissent ; ils appellent au milieu d'eux le commandant de la garde nationale et le président du conseil général du département ; là voyant que la ville, le département et même la province alloient

rester sans autorité supérieure, que le peuple
étoit dans une agitation dont les suites pou-
voient être très-funestes, et qu'il étoit proba-
ble que le barbare Brune chercheroit à se ven-
ger à la tête de sept à huit mille hommes,
dont il pouvoit disposer, et d'une artillerie
formidable ; ils résolurent pour le bien du service du Roi et pour l'intérêt pressant du pays,
de se constituer en *Comité royal provisoire*
et de s'investir de tout le pouvoir ! (Voyez ci-
après l'arrêté du 25 juin, N°. I). Ils n'hésitè-
rent point de se charger d'une immense responsabilité, ni de se dévouer à une mort cer-
taine, si Brune revenoit à Marseille, ou si la défaite de Buonaparte ne le renversoit pas du trône
usurpé. Ils n'écoutèrent que le sentiment qui
obligeoit de tout sacrifier pour leur Roi légitime et pour leurs frères ! Ils firent une proclamation adressée aux Provençaux, elle fut
lue à la tête de chaque bataillon de la garde
nationale, (Voyez la Proclamation, N°. II) ;
elle fut reçu avec transport et reconnoissance,
fut de suite affichée et envoyée à toutes les mai-
ries de la province. Dès cet instant l'autorité du
Comité royal provisoire fut reconnue : après
le départ des troupes de Brune, quelques-uns

de ces hommes justement abhorrés , qui, couverts de crimes depuis plus de vingt ans, avoient osé insulter et frapper depuis quelques mois, des citoyens estimables, sont rencontrés et punis! Le Comité vivement affecté de ces vengeances arbitraires, qu'il ne pouvoit prévenir, chercha à contenir les passions violentes; il promit justice, il ordonna l'arrestation des personnes qui étoient hautement désignées par la haine publique, pour les soustraire à des mauvais traitemens, et dès le 27 au matin, (Voyez le N°. III), fit afficher une proclamation qui produisit le meilleur effet: depuis cet instant il n'a été exercé aucune violence à Marseille. Le comité se pressa d'agir et il est impossible de retracer en détail tous les travaux de ces citoyens dévoués. Administration intérieure, organisation et moyens de défense, police, finances, tout est de leur ressort; ils sont jour et nuit en permanence; les généraux Perreimond et Loverdo, sont à la tête des troupes; la garde nationale, étonnante par son courage, son zèle infatigable et son dévouement inaltérable à la cause sacrée du Roi et de la patrie, est augmentée. (Voyez la proclamation, N° IV); des bataillons royaux se forment , et comme par

enchantement sont armés et équipés, ils par-
tagent avec la garde nationale un service péni-
ble dans les communes du département, pour
le préserver des incursions de l'armée de
Brune: les gardes nationales rurales sont or-
ganisées et se portent sur les points menacés.
Le Comité envoie des proclamations et des
commissaires dans toute la Provence et jusques
au quartier-général de Brune; partout il ex-
cite le zèle pour le service du Roi, partout ses
proclamations sont reçues avec enthousiasme :
les royalistes s'arment, de nombreuses dépu-
tations arrivent à Marseille. Le Comité répond
à tout, donne des munitions, quelques armes,
et fait tous ses efforts pour s'en procurer da-
vantage; il ordonne aux fonctionnaires publics
de l'usurpateur de céder leurs places à ceux
qui avoient été nommés par le Roi : tout est ré-
gularisé, des commissions de police, de finances, d'armement et d'équipement sont organi-
sés; ces commissions sont composées des citoyens les plus estimables, qui abandonnent
leurs affaires particulières, pour ne s'occuper
que du bien général, et qui ne craignent point
de partager les risques du Comité, pour servir
la cause de leur légitime souverain.

Le Comité, dès le premier moment de sa création, n'avoit pas négligé le plus essentiel de ses devoirs. Les communications avec le Nord étant impossibles, il expédia un aviso à Barcelonne, avec des dépêches pour S. A. R. Monseigneur le duc d'Angoulême ; un autre fut adressé à M. le marquis de Candolle, consul de France, à Nice, qui mit le plus grand zèle et beaucoup d'activité, à faire parvenir à M. le marquis de Rivière et à M. le marquis d'Osmond, les lettres que le Comité leur adressoit, et une relation succincte de tous les évènemens arrivés à Marseille, relation qui fut envoyée à Gand, et qu'on a sans doute mise sous les yeux du Roi. Le troisième aviso fut envoyé au commandant des forces navales de S. M. B., dans la Méditerranée, pour le prier de s'approcher des côtes de Marseille, et de fournir aux habitans de cette ville, les armes dont ils avoient le plus grand besoin ; deux vaisseaux arrivèrent dans la rade, et une frégate fut expédiée à Barcelonne pour le transport de S. A. R. Monseigneur le duc d'Angoulême, ce Prince qui sait braver les plus grands dangers avec l'intrépidité de ses ayeux, et qui est toujours occupé du bonheur des sujets de S. M., avoit quitté Barcelonne et s'étoit approché des frontières de France. (Voyez la Lettre de Mgr. le duc d'Angoulême au Comité, N^o. V). M. le vicomte de Bruges, officier-général d'un grand mérite et que le Prince avoit laissé à Barcelonne, part à l'instant et arrive à Marseille, il fait débarquer quatre mille fusils, deux pièces de canon et de nombreuses munitions qui furent du plus grand secours, il mit beaucoup de zèle et de fermeté à servir la cause du Roi, et donna une nouvelle activité aux opérations militaires : enfin, on signale l'escadre anglaise ; M. le marquis de Rivière est à son bord, il a obtenu des Anglais, cinq mille hommes de troupes, douze pièces de canon, dix mille fusils et des munitions considérables ; on lui fait à Marseille, l'accueil que méritent ses vertus, son dévouement constant et inaltérable à la cause sacrée de ses Rois ; enfin son grand caractère qui rappelle si bien celui du chevalier *sans peur et sans reproche*, il étoit nommé gouverneur de la huitième division militaire, par S. A. R. Mgr. le duc d'Angoulême : (Voyez la Proclamation, N°. VI). Le Comité, après avoir signé avec lui une proclamation relative aux impositions nécessaires pour soutenir la guerre contre l'usurpateur et les satellites du tyran, s'empressa de déposer en ses mains, tous les pouvoirs dont il s'étoit investi. (Voyez l'Arrêté du 10 juillet, N°. VII). Il délibéra que deux de ses Membres se rendroient à Paris, pour mettre aux pieds du Roi, les hommages et l'amour le plus inaltérable de ses fidèles sujets de Provence. Les membres du Comité reçurent pour eux et leurs concitoyens, de M. le marquis de Rivière et au nom du Roi et des Princes, les éloges les plus flatteurs pour leur dévouement et leur conduite, récompense noble et digne des sacrifices qu'ils ont faits avec enthousiasme, au Roi et à la France !

No. I.

COMITÉ ROYAL PROVISOIRE.

Extrait du Registre des Arrêtés.

Marseille , le 25 juin 1815.

LES soussignés considérant la nécessité d'une autorité centrale dans la ville de Marseille et dans la Provence , qui dirige les efforts et l'enthousiasme des habitans , pour faire triompher la cause de Louis XVIII , notre souverain légitime , ont unanimement résolu de se constituer , comme ils se constituent par le présent acte, Comité Royal provisoire de la ville de Marseille et de la Provence; se déclarent prêts à déposer les pouvoirs extraordinaires dont ils se sont investis , entre les mains des autorités légitimes qui seront établies par Sa Majesté , ou par les Princes de son sang.

M. A. ROMAGNAC ; BRUNIQUEL ; CASIMIR ROSTAN ;
le *Chevalier* DE CANDOLLE; BORELLY.

Nº. II.

PROCLAMATION.

DE PAR LE ROI:

HABITANS DE LA VILLE DE MARSEILLE ET DE LA PROVENCE,

Louis XVIII vient de nouveau d'être proclamé dans nos murs! En attendant les ordres de notre souverain légitime, ou ceux des Princes de son auguste famille, nous nous trouvons investis, par la force des circonstances, d'un grand pouvoir et d'une grande responsabilité; mais nous n'emploierons l'autorité dont nous sommes revêtus, que pour maintenir l'ordre public et pour faire triompher la cause des Bourbons et de la France; tous les bons Français sont appelés à la défendre, tous sont invités à obéir à leurs chefs civils et militaires, l'obéissance et l'union étant dans cette grande circonstance aussi nécessaires que le courage.

Que tous les hommes qui doivent, d'après les lois existantes, faire partie de la garde nationale, prennent les armes; que tous les habitans de la campagne se tiennent prêts à marcher au premier signal vers les points de leur territoire qui leur seront désignés; des chefs expérimentés leur seront envoyés pour régulariser leurs efforts, et la Provence et le Midi tout entier deviendront, s'il le faut, une nouvelle Vendée, plutôt que de retomber sous le joug du despotisme ou des factieux qui se sont arrogés le droit de disposer des destinées de la France.

VIVE LE ROI!

Marseille, le 26 juin 1815.

Les Membres du Comité Royal provisoire :

Signés, BORELLY; *le Chevalier* DE CANDOLLE; M. A. ROMAGNAC; BRUNIQUEL; CASIMIR ROSTAN.

No. III.

COMITÉ ROYAL PROVISOIRE.

PROCLAMATION.

MARSEILLAIS,

LES violences exercées par des militaires qui ont

osé faire feu sur le peuple ont pu faire excuser des vengeances qui ont été exercées dans les premiers momens d'un triomphe obtenu au prix de votre sang; il est temps que tout rentre dans l'ordre et que des hommes étrangers à notre ville, ou des malveillans ne profitent du tumulte pour commettre des crimes; il est temps que les personnes et les propriétés soient respectées; il faut arrêter des excès coupables : une commission militaire sera établie pour poursuivre rigoureusement ceux qui tenteroient de troubler la tranquillité publique. La garde nationale Marseillaise si justement louée par notre Monarque, elle qui a si bien mérité de la ville, va redoubler d'activité et d'énergie pour que désormais tout rentre dans l'ordre et que l'on n'entende plus que les cris de joie qu'inspire le retour du règne de notre bien aimé souverain LOUIS LE TANT DÉSIRÉ.

VIVE LE ROI!

Marseille, le 27 juin 1815.

Les Membres du Comité Royal provisoire :

Signés, BORELLY; *le Chevalier* DE CANDOLLE;

M. A. ROMAGNAC; BRUNIQUEL;

CASIMIR ROSTAN.

———

No. IV.

LE COMITÉ ROYAL PROVISOIRE,

DE LA VILLE DE MARSEILLE ET DES DÉPARTEMENS DE LA PROVENCE,

A SES CONCITOYENS.

***

PROCLAMATION.

Aux armes, Provençaux, aux armes ! gardons-nous bien de nous reposer entièrement sur la justice de notre cause. Aucune force humaine ne peut désormais s'opposer à son triomphe ; mais une imprudente sécurité pourroit devenir fatale à quelques-uns de nos frères : vous devez tout faire pour prévenir ce malheur. Hâtons-nous d'arracher à quelques factieux un sceptre que leur prétendu héros n'a pu soutenir. Non ! ses satellites et ses complices ne doivent plus se dire nos maîtres et se partager nos dépouilles. Rappelez-vous que naguères, dans nos murs, ils ont osé diriger leurs coups contre un peuple sans armes. Hâtez-vous de disperser leurs bandes frappées de terreur, et venez tous vous rallier sous la bannière des lis, sous le drapeau sacré des Bourbons et de l'honneur. Accourez défendre vos femmes et vos enfans, et soustraire vos biens et vos propriétés à la violence, à la dévastation et à l'incendie. Qu'il est loin de nous ce temps où la force seule pouvoit déterminer vos enfans à marcher sous les ordres de l'usurpateur! De toutes parts vous montrez un empressement à courir aux armes, bien fait pour servir d'exemple à la France entière; mais ce n'est point assez encore : aucun Français, digne de ce nom, ne peut différer d'obéir à ce devoir. Quiconque ne vient pas, sur-le-champ, se faire inscrire sur le contrôle des compagnies de son arrondissement, est un traître ou un lâche. Il n'y a absolument d'exception à ce devoir que pour ceux qui ont eu le malheur de se montrer en opposition constante aux intérêts du Roi et de la Patrie.

Provençaux! pour diriger vos communs efforts, le Comité royal provisoire vient d'appeler à votre tête des généraux aussi distingués par leur bravoure que par leur fidélité; ils méritent toute votre confiance, et vous devez obéir à tout ce qu'ils vous prescriront pour la défense de notre territoire. M. le maréchal-de-camp, baron Perreimond a pris le commandement en chef de l'armée royale en Provence. M. le maré-

chal-de-camp, comte de Loverdo, commande en se-
cond. L'autorité civile les secondera de tous ses moyens.

Que dans chaque département et dans chaque can-
ton, les autorités légitimes reprennent les fonctions
auxquelles Sa Majesté les avoit appelées; que les ad-
ministrateurs créés depuis l'éloignement du Roi, rési-
gnent de bonne grâce des fonctions qu'ils ne pourroient
plus exercer sans se rendre coupables. Les conseils-
généraux des départemens s'assemblent pour exercer
les pouvoirs extraordinaires qui leur ont été délégués
par l'ordonnance du Roi. Ils pourvoiront d'ailleurs aux
besoins de l'administration intérieure, et contribue-
ront à assurer par tous les moyens possibles le prompt
rétablissement de la sécurité publique. Que tous les
citoyens enfin rivalisent de zèle, et se conduisent de
manière à pouvoir dire un jour : Et nous aussi, nous
avons contribué à relever le trône, et à rendre à la
France le sceptre paternel des augustes descendans de
Saint-Louis et de Henri IV.

VIVE LE ROI!

Marseille, le 30 juin 1815.

Les Membres du Comité Royal provisoire :

Signés, BORELLY; *le chevalier* DE CANDOLLE;

M. A. ROMAGNAC; BRUNIQUEL; CASIMIR

ROSTAN.

No. V.

LETTRE

DE M.ᴳᴿ LE DUC D'ANGOULÊME.

Puyeerda , ce 10 juillet 1815.

Messieurs les membres du Comité royal de Marseille, je n'ai reçu qu'ici vos deux lettres des 26 et 29 juin ; car si j'avois encore été à Barcelonne, je me serois rendu sur-le-champ au milieu des bons Marseillais, pour vaincre ou périr avec eux. Leur conduite me fait le plus grand plaisir, mais ne m'étonne pas ; je savois que le Roi pouvoit tout attendre de leur dévouement. Vous avez été les derniers à conserver le drapeau blanc et les premiers à le relever. Je me fais gloire d'avoir une pareille ville dans mon Gouvernement, et je m'y rendrai aussitôt que cela me sera possible. En attendant, je vous charge, Messieurs, de témoigner aux bons habitans, tous mes sentimens d'estime, d'attachement et d'affection. Je m'empresserai de faire connoître leur conduite au Roi, et je puis vous assurer d'avance, que son cœur paternel en éprouvera la plus douce jouissance.

Les évènemens du Nord, me donnent la confiance que la Providence qui ne nous a jamais abandonnés, veillera sur Marseille, et qu'elle n'aura aucun danger à courir. J'avois pourvu d'avance à ce que vous me demandez, en nommant le lieutenant-général marquis de Rivière, gouverneur de la huitième division militaire ; et en lui confiant les pouvoirs nécessaires, j'ai cru faire en lui, un choix agréable à la ville de Marseille : s'il n'étoit pas encore arrivé le général vicomte de Bruges, rempliroit provisoirement ses fonctions ; croyez, Messieurs, au plaisir que j'éprouverai quand je pourrai vous assurer de vive voix, de tous mes sentimens, tant pour vous personnellement que pour notre bonne et fidèle ville de Marseille.

Votre très-affectionné,

Louis-Antoine.

No. VI.

COMITÉ ROYAL PROVISOIRE.

Extrait du Registre des Arrétés.

Marseille, le 10 juillet 1815.

Le Comité royal provisoire de la ville de Marseille et des départemens de la Provence :

Considérant que c'est à l'instant où la jeunesse provençale court aux armes, et paye ainsi sa dette au meilleur des Rois et à la Patrie, qu'il appartient aux Propriétaires de concourir de leur côté à assurer le succès de ce généreux dévouement, en mettant les caisses publiques à même de pourvoir à tous les besoins du service :

Considérant que les sentimens manifestés avec tant d'énergie par les fidèles Provençaux envers leur souverain légitime, ne permettent pas de douter qu'une simple invitation ne suffise pour obtenir la rentrée des contributions ordinaires et extraordinaires, en recouvrement, et pour déterminer en particulier, les propriétaires aisés à faire l'avance d'un trimestre des mêmes contributions;

Considérant enfin, qu'il importe de prescrire des mesures pour que les rentrées qui seront effectuées parviennent le plus promptement possible, dans les caisses centrales.

ARRÊTE :

ART. I. Les contribuables des départemens formant la huitième division militaire, payeront sans délai, les termes échus des contributions ordinaires du présent exercice, et autant que leurs facultés pourront le leur permettre, ils feront l'avance d'un trimestre de ces contributions.

II. Les contribuables du département des Bouches-du-Rhône, sont invités à effectuer sur-le-champ le payement des vingt-cinq centimes additionnels aux contributions foncières et des patentes du présent exercice qui ont été volontairement imposés par le Conseil-Général dudit departement.

III. Les Conseils-Généraux des départemens du Var, des Basses-Alpes et de Vaucluse, sont invités à se réunir pour faire un appel au zèle de leurs contribuables, et obtenir d'eux de pareils sacrifices, commandés par l'urgence des circonstances.

iv. Les percepteurs des contributions directes, seront tenus de verser tous les dix jours, le produit de leurs recettes dans la caisse du receveur particulier de leurs arrondissemens respectifs.

MM. les Préfets et les Maires de la huitième division militaire , sont chargés de surveiller l'exécution de cette mesure.

Le présent arrêté sera imprimé, publié et affiché.

Les Membres du Comité royal provisoire :

Signé , BORELLY ; BRUNIQUEL ; *le Chevalier de* CAN-DOLLE ; M. A. ROMAGNAC ; CASIMIR-ROSTAN ; DUBREUIL , *Membre du conseil-général.*

Je me réunis à MM. les Membres du Comité royal provisoire pour approuver les dispositions du présent arrêté dans tout leur contenu.

Marseille, le 10 juillet 1815:

Le Lieutenant-Général , Gouverneur civil et militaire de la huitième division militaire , commandeur de l'ordre royal et militaire de Saint-Louis ,

CHARLES , *Marquis* DE RIVIÈRE.

No. VII.

COMITÉ ROYAL PROVISOIRE.

Extrait du Registre des Arrétés.

Marseille , le 10 juillet 1815.

Le comité royal provisoire, considérant que l'autorité dont les circonstances l'avoient engagé à s'investir, par son arrêté d'institution du 25 juin dernier, vient de cesser par l'heureuse arrivée de monsieur le marquis de Rivière, gouverneur général civil et militaire de Provence ;

Arrête :

Le Comité Royal provisoire est dissous et ses fonctions sont terminées, en exécution du susdit arrêté.

Il rendra à monsieur le marquis de Rivière les comptes de ses opérations administratives, militaires et de finance.

Il lui remettra, avec le registre de ses délibérations,

les pièces à l'appui des comptes, ensemble tous les autres titres, papiers et documens.

Les Membres du Comité provisoire :

Signés, BRUNIQUEL; M. A. ROMAGNAC ;
DUBREUIL; CASIMIR ROSTAN; *le Chevalier*
DE CANDOLLE; BORELLY.

FIN.

BIBLIOTHEQUE NATIONALE DE FRANCE
3 7531 00133377 3